AF382895

MAXIMISER SES CAPACITÉS INTELLECTUELLES

Techniques et astuces pour exploiter au mieux son mental

Par Maïlys Charlier

50MINUTES.fr

MAXIMISER SES CAPACITÉS INTELLECTUELLES

- **Problématique ?** Quelles sont les techniques permettant de maximiser son potentiel intellectuel ?
- **Utilité ?** Être à même de mobiliser toutes les capacités de notre cerveau afin de travailler avec rapidité, efficacité et de commettre le moins d'erreurs possibles.
- **Contexte professionnel** ? Évolution de carrière, obtenir un poste à responsabilités, manager une équipe ou un projet, brainstorming, développement personnel, créativité professionnelle.
- **FAQ ?**
  - Quel comportement dois-je adopter pour prendre soin de mon cerveau au quotidien ?
  - Pourquoi est-il plus facile d'apprendre lorsqu'on est jeune ?

- Pourquoi est-ce important d'exercer mon cerveau ?
- Les jeux d'entraînement cérébral sont-ils réellement efficaces ?
- Est-ce dangereux de recourir à des médicaments pour améliorer mes capacités mentales si je ne souffre d'aucune maladie ?
- En combien de temps puis-je constater une amélioration de mes compétences intellectuelles ?
- Ma manière de réfléchir dépend-elle de mon recours préférentiel à l'hémisphère droit ou gauche ?

L'être humain n'utilise que 10 % des capacités du cerveau. Ce fait est connu de tous, mais qu'en est-il réellement ? Cette observation que l'on prête à Albert Einstein (physicien allemand, 1879-1955) se base sur le fait que, même si nous sollicitons tous nos neurones au cours de la journée, ils ne sont pas actifs en même temps. De plus, il existe des milliards de connexions possibles entre ces derniers.

Dès lors, est-il possible d'accroître ce pourcentage et de développer ses capacités mentales ?

Peut-on reprogrammer son cerveau, c'est-à-dire désamorcer nos mécanismes et changer notre façon de le faire fonctionner ? Cet organe, qui se rapproche d'une machine informatisée, fonctionne de façon très complexe ; les scientifiques n'en connaissent d'ailleurs pas (encore) ses limites. Indispensable au quotidien, il nous permet de mémoriser, d'apprendre, d'agir, d'interpréter, de manger, de respirer ; bref, de vivre. Notre cerveau s'adapte en permanence ; il est d'ailleurs susceptible de se modifier, de se remodeler à tout âge en créant de nouveaux neurones et évolue constamment en fonction de nos expériences personnelles.

Dans son ouvrage *Psycho-Cybernetics*, Maxwell Maltz (médecin et auteur américain, 1899-1975) affirme que le cerveau serait constitué d'un mécanisme de succès qu'il suffirait d'activer comme un bouton pour tirer profit de nos capacités et atteindre nos objectifs. Fonctionnant comme un muscle, il faudrait donc seulement entraîner cet organe et l'entretenir de manière à faire évoluer notre intelligence. L'Américain William James (fondateur de la psychologie moderne, 1842-1910) explique que « l'homme est capable de contrôler sa vie en dirigeant ses pensées ». Dès lors, comment faire pour développer cette intelligence supplémentaire ? De quels exercices et de quel entretien a besoin notre cerveau pour fonctionner de façon optimale ? Comment activer ce mécanisme de succès ? En 50 minutes, ce livret vous guidera à travers les différentes étapes à suivre pour maximiser vos capacités intellectuelles et exploiter au mieux votre mental.

B.A.-BA D'UN CERVEAU RENTABILISÉ

À LA DÉCOUVERTE DE NOTRE INTELLIGENCE

De quoi est fait notre cerveau ?

Le cerveau est l'organe central du système nerveux. Il a pour fonction de contrôler la motricité de notre corps et d'assurer nos fonctions cognitives. Il est composé de deux hémisphères :

- **l'hémisphère gauche**, comme le découvre Paul Broca (neurologue français, 1824-1880) en 1861, régit le langage. Il est également le siège de la logique, du raisonnement, du calcul et de l'intelligence ;
- **l'hémisphère droit**, comme le démontre Roger Wolcott Sperry (neurophysiologiste américain, 1913-1994) dans les années soixante, gère l'espace, l'intelligence globale, l'intuition et le sens artistique. Ce spécialiste met surtout en évidence le fait que chaque nouvelle informa-

tion passe par celui-ci. C'est donc via ce dernier que nous réalisons notre apprentissage, tandis que l'hémisphère gauche assimile et stocke les informations.

QUELQUES OBSERVATIONS SUR LE CERVEAU

- C'est l'organe le mieux protégé du corps grâce à la boîte crânienne.
- Son poids est de plus de un kilogramme chez l'adulte.
- Il se compose de 86 à 100 milliards de cellules nerveuses, appelées neurones.
- Il se nourrit majoritairement de glucose et d'oxygène.
- Il est constitué de 60 % de graisse.
- Les neurones communiquent entre eux par des signaux électriques grâce aux synapses (zone de connexion entre deux neurones). Ces influx nerveux produisent des substances chimiques, appelées des neurotransmetteurs.

La neuroplasticité

La neuroplasticité désigne la capacité de nos neurones à s'adapter à tout changement dans leur environnement, qu'il s'agisse de modifications de notre organisme interne ou de nouveaux paramètres extérieurs apparus dans notre vie. Cette aptitude passe par deux processus : la création de nouveaux neurones (la neurogénèse) et la suppression de connexions inefficaces ou moins utiles (l'élagage synaptique) permettant aux autres de se renforcer.

Tout au long de notre existence, nous emmagasinons des croyances et des idées qui, à force d'être répétées, produisent des connexions neuronales. Ces dernières sont fortifiées au fur et à mesure que l'information est reproduite. C'est ce qui crée notre programmation mentale. Pour la modifier, nous devons rompre nos habitudes et changer nos croyances. Le cerveau est donc capable de créer ou de réorganiser les neurones et leurs connexions entre eux en fonction de nos expériences affectives, physiques et cognitives. Néanmoins, ce n'est pas si simple, car ces pensées sont complexes et sont le résultat d'un ensemble de différents éléments (vue, odeur, bruit, goût, émotion, ambiance, etc.). Cette plasticité cérébrale est plus naturellement développée durant l'enfance qu'à l'âge adulte, même si elle reste encore possible à condition d'exercer son cerveau à travers différents exercices et d'adopter des comportements adéquats.

REPROGRAMMER SON CERVEAU

Le cerveau est constitué de différentes parties : le conscient, le préconscient (qui fait le lien entre le conscient et l'inconscient), l'inconscient et le subconscient. Ce dernier enregistre les informations que nous recevons et les expériences que nous vivons. Contrairement au conscient, qui est lié à une activité mentale contrôlée, le subconscient se rattache à une activité mentale incontrôlée, au sein de l'inconscient. Ces quatre parties sont intimement reliées et agissent l'une sur l'autre. Avec les informations récupérées quotidiennement par le conscient, le subconscient forge nos habitudes, nos réflexes, nos craintes et nos croyances. C'est finalement lui qui programme notre cerveau à travers nos pensées.

Simon Wealth l'affirme lui-même dans son article *Je me suis donné 1 an pour reprogrammer mon cerveau* : « Les pensées mènent aux actions et les actions créent les habitudes. » Ces dernières, bien qu'extrêmement utiles dans la vie de tous les jours, influencent parfois notre cerveau de façon néfaste selon nos expériences et peuvent bloquer l'évolution positive de notre intellect. Ainsi, une meilleure utilisation de ses capacités mentales passe en partie par le changement de sa façon de penser et par la « reprogrammation » de son subconscient dans une approche d'épanouissement et donc de réussite.

Les techniques de reprogrammation

- **Visualisation créative** : lorsqu'un défi, un challenge ou une réunion importante vous attend, visualisez mentalement les objectifs que vous souhaitez atteindre. Faites-le de préférence juste avant de vous endormir. Imaginez-vous dans le futur et laissez-vous envahir par les émotions positives ressenties lors de cette projection. Cet exercice vous aidera à chasser les pensées négatives et à vous rapprocher de vos objectifs.

- **Affirmation positive** : pour mettre toutes les chances de votre côté et bien démarrer la journée, commencez par répéter à haute voix quelques phrases positives : « Je suis quelqu'un d'extraordinaire », « Je suis un leader » ou « Je vais y arriver ». Par ce procédé, vous regonflerez votre confiance et programmerez votre subconscient à la réussite. Cela fonctionne également avec votre environnement de travail : décorez-le et aménagez-le de manière positive en affichant des phrases ou des photos qui vous motivent.
- **Hypnose et EMDR (*Eye Movement Desensitization and Reprocessing*)** : ces techniques permettent de débloquer un souvenir traumatisant de manière inconsciente et de le résoudre afin de pouvoir avancer.

L'EMDR

L'Eye Movement Desensitization and Reprocessing, qui s'appuie sur le mouvement des yeux pour guérir l'esprit, a été mis au point par la psychologue américaine Francine Shapiro (née en 1948) dans les années quatre-vingt. Cette théorie repose sur

le constat que la parole ne suffit généralement pas à s'affranchir d'un traumatisme. Il
faut faire appel à l'ensemble de nos canaux
de représentation (perceptions, cognitions,
émotions, sensations corporelles) pour se
replonger dans un souvenir traumatisant
afin de changer notre rapport à celui-ci.
Pour y arriver, une stimulation sensorielle
comme le mouvement oculaire serait
très bénéfique à la création de nouvelles
connexions remplaçant le ressenti trauma-
tique par des émotions plus apaisées.

- **Thérapie cognitive ou comportementale** :
  chaque thérapie possède sa propre technique, mais toutes ont le même objectif, qui
  correspond à faire repartir le cerveau sur de
  nouvelles bases. Ces traitements s'appuient
  sur la correction de pensées négatives et l'apprentissage de comportements adaptés.
- **Programmation subliminale** : il s'agit
  d'écouter régulièrement des enregistrements
  audio porteurs de messages subliminaux qui
  s'adressent directement à votre subconscient.
- **L'autosuggestion** : elle ne se base pas uni-
  quement sur des phrases à répéter en boucle

pour atteindre son objectif, mais aussi – et principalement – sur l'attitude employée pour y arriver. Ainsi, si vous cherchez à être confiant, commencez par adopter une posture du corps et un ton de voix adéquat.

- **L'autohypnose** : avant d'entrer en phase d'hypnose, concentrez-vous sur votre respiration, détendez-vous et répétez plusieurs fois une phrase d'autosuggestion positive liée à vos objectifs. Celle-ci s'ancrera dans votre subconscient durant l'exercice.

- ***Reframing*** : le concept de réalité est propre à chacun en fonction de son ressenti, de ses expériences, de son estime de soi et de sa confiance en soi. Lorsque survient un événement dans l'existence d'une personne, il sera dès lors interprété en fonction de sa vision de la réalité. L'idée de *reframing* consiste à déchiffrer ces événements hors de ce cadre particulier, en prenant un maximum de recul et en tenant compte de données qui ne sont pas liées à soi. En donnant une nouvelle version à sa réalité, la personne sera plus positive et plus ouverte aux événements extérieurs ainsi qu'aux personnes qui l'entourent. En utilisant cette technique, on reprogramme son cerveau, ce qui permet de mieux utiliser ses capacités mentales.

<u>Mécanisme interne de succès</u>

D'après Maxwell Maltz, reprogrammer notre cerveau peut s'effectuer en intervenant sur notre « mécanisme de succès », processus interne présent chez tout individu. Pour cela, il suffirait d'orienter nos pensées et de fournir de nouvelles données à notre cerveau. Nos expériences forgent notre intellect, et le « mécanisme de succès » pointé par le Dr Maltz se base sur celles-ci. Ainsi, créer une image mentale précise de votre objectif à la manière d'une expérience véritablement vécue permettra à votre cerveau d'activer ce processus : il interprétera alors cette représentation imaginaire comme une donnée réelle.

Les limitations mentales

Les limitations mentales ou croyances limitantes sont des obstacles que l'on s'impose de manière consciente ou inconsciente : « Je ne postule pas à cette offre d'emploi, car je ne suis pas à la hauteur pour ce poste », « Je n'arriverai jamais à apprendre une nouvelle langue, car je ne suis pas assez intelligent », etc. Ces croyances, que l'on assimile à des vérités, proviennent d'expériences personnelles, de la famille ou de la société. Dès lors, pour faire évoluer son cerveau, il est important de se débarrasser de ces limitations mentales, qui freinent le développement intellectuel. Pour cela, chacun doit désamorcer ces restrictions ancrées au plus profond de soi grâce à des affirmations antidotes telles que : « J'ai les capacités pour travailler à ce poste » ou « J'ai toutes les qualités qui correspondent à ce poste ». Plus vous répéterez ces affirmations, plus vous dépasserez ces blocages qui vous éloignent de votre objectif.

La PNL

Les croyances que nous emmagasinons suite à nos expériences influencent notre manière de penser et de nous comporter. Néanmoins, il est possible d'utiliser consciemment ce matériel stocké dans notre cerveau. C'est dans ce contexte que les Américains John Grinder (linguiste, né en 1940) et Richard Bandler (psychologue, né en 1950) ont fondé la programmation neurolinguistique, qui vise à comprendre la communication entre les personnes ainsi que les relations entre le langage et la pensée. La PNL permet entre autres de pointer les blocages d'un individu et de modifier ses croyances afin de l'aider à s'améliorer.

TECHNIQUES POUR MAXIMISER SES CAPACITÉS

Une gymnastique cérébrale

Le cerveau est comme un muscle, il a besoin d'entraînement pour améliorer ses capacités. Ainsi, la clé passe par un apprentissage continu. Acquérir de nouvelles connaissances permet de créer de nouvelles connexions synaptiques et de renforcer celles qui existent déjà. Pour Donald Hebb (neuropsychologue canadien, 1904-1985), plus nos neurones sont activés, plus ils se connectent facilement. L'apprentissage devient alors automatisé et demande moins d'efforts de notre part. C'est notamment le cas lorsque l'on s'initie à une langue : plus on parle, plus on éprouve des facilités à s'exprimer. À l'inverse, si on ne pratique plus, les connexions synaptiques s'affaiblissent, à l'image de nos muscles lorsqu'on arrête le sport, et on oublie ce que l'on avait acquis.

La mémoire est indispensable dans tout processus d'apprentissage (un sport, un instrument de musique, une langue, etc.) puisqu'elle permet de stocker puis de se rappeler les informations apprises. Il en existe trois types :

- **la mémoire sensorielle** traite toutes les informations qui nous parviennent au quotidien grâce à nos cinq sens. Ces données sont retenues pendant un très court laps de temps (quelques secondes) et sont transmises à la mémoire à court terme si nous les jugeons pertinentes ;
- **la mémoire à court terme** enregistre une quantité limitée d'informations retenues pendant une période restreinte (moins d'une minute) ;
- **la mémoire à long terme** archive les événements importants de notre vie et constitue notre réservoir de connaissances. Elle est illimitée, mais malheureusement pas infaillible.

Réalisez une aérobic mentale quelques minutes par jour pour développer vos capacités. Stimulez votre mémoire immédiate en apprenant un extrait de poème, quelques citations ou simplement un numéro de téléphone en utilisant des moyens mnémotechniques. Exercez votre capacité d'observation en reproduisant dans votre esprit un schéma, une photo ou une scène déjà vue. Enfin, cultivez votre logique en complétant une suite de nombres ou en jouant au sudoku. Grâce à cette gymnastique, votre cerveau gagnera en vivacité.

<u>PETIT PLUS</u>

Pour augmenter ses capacités intellectuelles, un certain nombre de qualités pourraient vous être utiles, telles que la discipline, la persévérance et la rigueur pour garder le courage de continuer, mais également la passion qui vous aidera à maintenir votre intérêt.

Une nourriture adaptée

Au quotidien, notre cerveau dépense entre 15 à 20 % de notre énergie. Pour fonctionner correctement, il a donc besoin de nutriments spécifiques. Un régime varié et équilibré constitue l'une des bases du développement de nos capacités mentales. Ainsi, les aliments à privilégier sont listés ci-dessous.

- **Les aliments à index glycémique (IG) bas** fournissent l'énergie nécessaire pour tenir la journée grâce à leur apport en glucose. Il s'agit de la plupart des fruits, des légumes et des céréales complètes.
- **Les produits laitiers** apportent les protéines nécessaires au fonctionnement du cerveau, mais également les vitamines B2 et B12 vitales au développement intellectuel.
- **Les baies** (mûres, myrtilles, framboises, groseilles, etc.) et **les agrumes** (citron, pamplemousse, oranges) riches en antioxydants ralentissent le vieillissement cérébral.
- **Les aliments riches en vitamine B6 et B9** éliminent l'homocystéine, un acide aminé toxique pour les neurones. Elles sont présentes notamment dans les abats, les légumineuses

et les légumes à feuilles vert foncé.

- **L'avocat**, riche en vitamine E, dilate les vaisseaux et améliore ainsi la circulation sanguine.
- **Les œufs** possèdent de nombreuses vitamines A, D et E ainsi que des vitamines B (B2, B5, B9 ou folates, B12), mais également de la choline, qui intervient dans le développement du cerveau.
- **Les brocolis et les épinards** contiennent de la vitamine K, essentielle au fonctionnement du système cérébral.
- **Les acides gras et les oméga-3**, présents dans le poisson notamment, améliorent les fonctions cognitives du cerveau.
- **Le thé vert**, producteur de dopamine, est bénéfique pour la mémoire et diminue la fatigue cérébrale.
- **Les épices naturelles** comme le ginseng, le millepertuis, le curcuma et le gingko biloba, ainsi que certaines fines herbes telles que la sauge ou le romarin stimulent nos capacités cérébrales, dont la mémoire, la concentration et l'apprentissage.

En revanche, les aliments suivants ne sont pas recommandés, que ce soit de façon générale ou dans le cadre d'une volonté consciente d'amélioration de son intellect.

- **Les graisses saturées**, contenues dans les produits tels que les aliments frits, la charcuterie ou les chips, sont à proscrire, car elles détruisent les cellules nerveuses. Dès lors, bannissez les repas très gras des fast-foods qui diminueront votre dopamine, une substance responsable de votre sentiment de bien-être.
- **Les sucres raffinés** (sirop de maïs, sucre de canne blanc et roux, fructose), présents dans les sodas et les jus de fruits industriels, n'ap-

portent aucun élément nutritif, ralentissent le cerveau et peuvent engendrer des problèmes de mémoire. Préférez-leur le sucre complet ou le miel.

- De même, **les édulcorants artificiels**, comme l'aspartame, peuvent provoquer des lésions cérébrales. À la place, consommez des quantités modérées de sucre non raffiné.
- **Les pesticides**, présents dans les fruits et les légumes, sont également dangereux pour votre cerveau et l'ensemble de votre corps. N'oubliez jamais de bien laver ces derniers avant de les manger, vous pouvez même les faire tremper dans l'eau quelques minutes afin de vous débarrasser de ces substances chimiques.
- **L'alcool** altère notre capacité de discernement et entraîne des troubles de la mémoire.
- **Le tabac** n'est pas seulement nocif pour vos poumons, mais également pour votre cerveau.

À NOTER

Une alimentation équilibrée destinée à stimuler notre mental n'aura de résultats que si elle est accompagnée au quotidien d'exercices cérébraux.

La méditation *versus* le stress

L'accumulation du stress et de la fatigue sont néfastes pour vos neurones et pour votre mémoire. De plus, les tensions peuvent entraîner des effets négatifs sur le langage et la pensée. Dès lors, restez vigilant sur ce point. Si vous constatez des pertes de mémoire ou des oublis importants, demandez-vous si vous dormez assez ou si vous n'êtes pas angoissé ou stressé par un fait en particulier.

Une manière simple – et à la portée de tous – de remédier à cet état et d'exploiter au mieux ses capacités intellectuelles est la méditation. Non seulement l'anxiété et le stress diminuent tandis que le sommeil et donc la concentration s'améliorent, mais en plus, la méditation active le cortex préfrontal gauche, associé aux émotions positives. Selon le psychologue américain Daniel Goleman (né en 1946), la méditation, « véritable entraînement mental, est capable de déprogrammer des réflexes innés ». En 1998, son compatriote Paul Ekman (né en 1934) a mené une expérience avec un moine bouddhiste : en pleine séance de méditation, le professeur a tenté de le faire sursauter grâce à un bruit assourdissant ; le moine n'a bougé aucun muscle ni même sourcillé. L'expérience démontre à quel point la méditation peut permettre à un individu de maîtriser son mental.

La médication

Il existe des stimulants qui peuvent avoir une influence sur nos capacités intellectuelles. Ces médicaments produisent des neurotransmetteurs (dopamine et sérotonine) qui agissent directement sur la mémoire et la circulation sanguine.

- Généralement utilisés pour soigner les troubles de l'attention, la Ritaline ou l'Adderal améliorent la concentration et permettent une meilleure assimilation des informations.
- Le Modafinil est prescrit dans le traitement contre la narcolepsie. Ce médicament stimule la sécrétion d'histamine, un neurotransmetteur de l'éveil. Cependant, le manque de sommeil empêche la bonne assimilation des informations.

- Développée en 1959, la Centrophénoxine augmente l'apport de glucose et d'oxygène au cerveau, stimulant ainsi les fonctions cérébrales. Elle possède également des propriétés antioxydantes.
- Les nootropes ou nootropiques, comme le DMAE, sont des substances destinées à améliorer les performances cognitives et censées ne causer aucuns ou peu d'effets nocifs. Il peut s'agir de simples compléments alimentaires (choline, L-tyrosine), de médicaments, de plantes (L-théanine, bacopa) ou de molécules.

Attention ! Ne jouez pas avec votre santé et consultez un médecin avant la prise de tels médicaments, la plupart nécessitant de toute façon une ordonnance. Il existe plusieurs écoles, et certains spécialistes se montreront plus réfractaires que d'autres à utiliser ce type de médication. N'oubliez pas que chaque médicament peut entraîner des effets secondaires. Veillez à bien consulter votre généraliste et à lire attentivement la notice avant toute absorption.

TOP CONSEILS

- **Travaillez votre vivacité d'esprit.** La technologie actuelle nous a habitués à ne plus nous servir de notre mémoire et de nos capacités intellectuelles. Téléphone portable avec calculatrice et agenda électronique intégré, GPS, ordinateurs, encyclopédies et traducteurs *online* sont les ennemis de notre cerveau. Ces outils le rendent paresseux, sans compter le stress qu'ils peuvent engendrer.
- **Fixez-vous des objectifs précis et réalistes.** Ne placez pas la barre trop haut dès le début : votre objectif doit être adapté à vos capacités actuelles au risque de vous décourager rapidement. Augmentez progressivement le niveau de difficulté en doublant une tâche ou en diminuant le temps nécessaire à son exécution par exemple.
- **Posez-vous les bonnes questions.** Votre cerveau répond à chaque question à laquelle vous pensez, même si celle-ci n'a pas lieu d'être. Il est donc important de vous interroger sur ce qui compte vraiment, et ce de la manière la

plus positive qui soit. Ainsi, ne vous demandez pas pourquoi vous échouez, mais plutôt comment agir pour réussir.

- **Sortez de votre routine.** Cela vous aidera à maintenir votre intérêt et donc votre concentration. De plus, vous empêcherez ainsi votre cerveau de se mettre en pilotage automatique en l'obligeant à travailler.
- **Entraînez-vous à effectuer plusieurs choses en même temps.** Travailler sur différentes tâches en même temps actionnera votre mémoire immédiate. Commencez par des activités habituelles et simples. Ces petites gymnastiques vous pousseront à répondre à différents défis.
- **Pensez positif.** Plus vous aurez à l'esprit des pensées positives et enthousiastes, plus votre objectif sera gravé dans votre subconscient.
- **Jouez !** Si apprendre se révèle une corvée pour vous, faites travailler votre mental grâce à des exercices ludiques. Ainsi, vous développerez vos capacités intellectuelles sans vous forcer. Casse-têtes, sudokus, jeux de cartes lorsque vous êtes seul ; Risk, Monopoly, Puissance 4, jeux d'échecs, et autres à plusieurs... À vous de trouver le jeu qui convient le mieux à votre

intelligence.

FAQ

QUEL COMPORTEMENT DOIS-JE ADOPTER POUR PRENDRE SOIN DE MON CERVEAU AU QUOTIDIEN ?

Quelques gestes simples vous permettront de bien vous occuper de votre cerveau :

- manger sainement est primordial, mais il est également important de ne pas négliger certains aliments qui favorisent le bon fonctionnement cérébral comme les oméga-3, au travers des fruits à coques (amandes, noix, noisettes) par exemple, et oméga-6, qu'on trouve dans les huiles végétales et les graines notamment ;
- rester dans un processus d'apprentissage, car plus on acquiert des connaissances, plus il est facile d'apprendre ;
- utiliser son cerveau le plus souvent possible. Oubliez la calculatrice de votre téléphone, l'agenda électronique et le GPS. Exploitez votre mémoire, usez du calcul mental et faites

confiance à votre sens de l'orientation ;

- dormir suffisamment. Un minimum de sept heures par nuit est requis pour un cerveau en bonne santé ;
- boire au minimum 1,5 litre d'eau par jour et davantage si vous pratiquez un sport ou en période de chaleur. Bien s'hydrater est nécessaire à l'activité neurologique du cerveau ;
- consommer des antioxydants. Ceux-ci permettent une meilleure oxygénation du cerveau et ralentissent son vieillissement.

POURQUOI EST-IL PLUS FACILE D'APPRENDRE LORSQU'ON EST JEUNE ?

Lorsqu'on est jeune, les connexions synaptiques sont plus nombreuses et plus rapides. De plus, notre subconscient n'a pas encore figé des croyances limitatives. Il existe donc peu ou pas d'obstacles pour intégrer de nouvelles informations. De plus, la concentration et la mémoire sont également plus performantes.

POURQUOI EST-CE IMPORTANT D'EXERCER MON CERVEAU ?

Le cerveau est comme un muscle. Il faut donc continuer à l'entraîner pour ne rien perdre de notre apprentissage. En effet, si vous arrêtez de pratiquer une langue par exemple, vous allez l'oublier. Il est donc nécessaire de solliciter son cerveau régulièrement en pratiquant celle-ci. Les exercices cérébraux permettent également aux connexions synaptiques de rester actives et donc aux neurones de réagir plus facilement et plus rapidement.

LES JEUX D'ENTRAÎNEMENT CÉRÉBRAL SONT-ILS RÉELLEMENT EFFICACES ?

Les jeux d'entraînement cérébral tels que la Brain Gym ou le mind mapping sont efficaces, car ils améliorent la communication entre les deux hémisphères de notre cerveau. Cela facilite l'apprentissage et muscle ce dernier. Celui-ci possédera donc une plus grande plasticité et vos capacités mentales seront optimisées.

EST-CE DANGEREUX DE RECOURIR À DES MÉDICAMENTS POUR AMÉLIORER MES CAPACITÉS MENTALES SI JE NE SOUFFRE D'AUCUNE MALADIE ?

Ne prenez des médicaments que si votre médecin vous le conseille et que vos facultés intellectuelles souffrent d'un dysfonctionnement (concentration, mémoire, etc.). Si la médication est validée, il n'existe pas (ou peu) de danger. Toutefois, veillez à bien lire la notice et à surveiller l'apparition d'éventuels effets secondaires.

EN COMBIEN DE TEMPS PUIS-JE CONSTATER UNE AMÉLIORATION DE MES COMPÉTENCES INTELLECTUELLES ?

Comme lorsque l'on s'entraîne, une séance de sport ne suffit pas pour constater des résultats encourageants. Armez-vous de patience : le cerveau fonctionnant comme un muscle, les améliorations seront sensibles après plusieurs semaines ou mois d'exercices.

MA MANIÈRE DE RÉFLÉCHIR DÉPEND-ELLE DE MON RECOURS PRÉFÉRENTIEL À L'HÉMISPHÈRE DROIT OU GAUCHE ?

La plupart des personnes utilisent plus facilement le cerveau gauche, celui du langage. Cependant, dès que l'instinct et les émotions entrent en compte, c'est l'hémisphère droit qui est actif. Par conséquent, les personnes plus émotives et plus instinctives utilisent plutôt ce dernier ; elles ne fonctionnent pas suivant la même intelligence ni la même logique que les personnes sollicitant l'autre moitié de leur cerveau.

À VOUS DE JOUER !

MIND MAPPING

Cet exercice consiste à associer des idées sous forme d'arborescence. Au centre, placez un mot ou un dessin et associez-y toutes sortes d'idées. Utilisez une couleur et une taille différente pour chaque pensée. Le but est de réaliser un maximum de connexion et de se laisser porter par la créativité. L'intérêt du mind mapping réside en ce qu'il favorise la communication entre les deux hémisphères de notre cerveau : les mots et leur organisation sollicitent le gauche tandis que les couleurs, les images et une vision globale du schéma font appel au côté droit.

BRAIN GYM

Élaborée par le professionnel de l'éducation Paul Dennison, la Brain Gym propose des exercices pour développer les capacités d'apprentissage. Entraînez-vous grâce à quelques mouvements simples !

- Marcher sur place en touchant le genou gauche avec la main droite et inversement. Cela permet un meilleur échange entre les deux hémisphères.
- Dessiner le signe de l'infini avec ses yeux stimule la concentration et la mémorisation.
- Croiser les chevilles ainsi que les poignets et entrelacer les doigts. Ce contact croisé augmente la capacité d'attention et d'écoute.

VISUALISER SON SUCCÈS

Imaginez-vous mentalement en train d'atteindre vos objectifs, comme si vous y étiez. Avec un peu d'entraînement, votre cerveau ne fera pas de différence entre ce film et la réalité et sera donc conditionné positivement. Ainsi, à la veille du premier jour dans votre nouveau poste ou d'une importante réunion, passez-vous le film positif de ce moment dans votre tête en pensant aux détails (sons, couleurs, images, odeurs, émotions). Votre esprit sera alors conditionné pour que la journée se déroule comme vous l'imaginez. Prenez confiance en vous et mettez toutes les chances de votre côté.

POUR ALLER PLUS LOIN

SOURCES BIBLIOGRAPHIQUES

- AGID (Yves), « Comprendre le cerveau et son fonctionnement », in *ICM*, mars 2014, consulté le 4 octobre 2015.
http://icm-institute.org/fr/actualite/
comprendre-le-cerveau-et-son-fonctionnement/

- BANDLER (Richard) et GRINDER (John), *The Structure of Magic: A Book About Language and Therapy*, Palo Alto, Science & Behavior Books, 1975.

- BARTCZAK (Sophie), « Utilisons-nous seulement 10 % de notre cerveau ? », in *Le Point*, mars 2013, consulté le 12 octobre 2015.
http://www.lepoint.fr/sante/
utilisons-nous-seulement-10-de-notre-cer-
veau-29-03-2013-1647342_40.php

- CÉSAIRE (Janine), « Quatre techniques pour exploiter la magnifique puissance de votre subconscient », in *Le blog des méthodes douces*, consulté le 19 septembre 2015.
http://methodes-douces-et-bien-etre.
com/epanouissement-personnel-3/4-tech-
niques-pour-exploiter-la-magnifique-puis-
sance-de-votre-subconscient/

- Christine (Marie), « Comment utiliser le pouvoir de nos cerveaux droit et gauche pour un résultat maximum », in *Vivre ses talents*, consulté le 19 septembre 2015. http://www.vivresestalents.fr/mental/comment-utiliser-le-pouvoir-de-nos-cerveaux-droit-et-gauche-pour-un-resultat-maximum/

- « Comment la neuroplasticité peut changer votre vie », in *Surpassez-vous*, consulté le 4 octobre 2015. http://www.surpassez-vous.com/la-pensee-positive/la-neuroplasticite-changer-votre-vie/

- Dalla Costa (Virginie), « Préparation mentale : comment atteindre ses objectifs ? », in *Nutri-site*, consulté le 19 septembre 2015. http://www.nutri-site.com/dossier-entraine-ment--preparation-mentale-atteindre-objec-tifs-sportif--2--230.html

- Ferrari (Michael), « Cinq techniques pour dépasser vos limitations mentales tout de suite », in *Esprit riche*, mai 2013, consulté le 19 septembre 2015. http://esprit-riche.com/5-techniques-pour-depas-ser-vos-limitations-mentales-tout-de-suite/

- Gannac (Anne-Laure), « Êtes-vous plutôt cerveau gauche ou cerveau droit ? », in *Psychologies*, mai 2008, consulté le 6 octobre 2015. http://www.psychologies.com/Moi/Se-connaitre/Personnalite/Articles-et-Dossiers/Etes-vous-plutot-cerveau-gauche-ou-cerveau-droit

- GARTEISER (Marion), « Fumer : moins de QI et des risques de maladie d'Alzheimer », in *e-santé*, octobre 2015, consulté le 30 octobre 2015. http://www.e-sante.be/fumer-moins-qi-risques-alzheimer/actualite/470

- GREEN (C. Shawn) et BAVELIER (Daphne), « Action Video Game Modifies Visual Selective Attention », in *Nature*, vol. 423, mai 2003, p. 534-537.

- HODENT-VILLAMAN (Célia), « Les jeux vidéo sont-ils bons pour le cerveau ? », in *Sciences humaines*, novembre 2012, consulté le 30 octobre 2015. http://www.scienceshumaines.com/les-jeux-video-sont-ils-bons-pour-le-cerveau_fr_15191.html

- HUG (Hélène), « PNL : comment déprogrammer, reprogrammer votre cerveau ? », in *Réussite possible*, juin 2013, consulté le 4 octobre 2015. http://www.reussitepossible.com/pnl-deprogrammer-reprogrammer/

- « La Centrophénoxine stimule le cerveau et lutte contre son vieillissement », in *Nutra News*, janvier 2015, consulté le 4 octobre 2015. http://www.nutranews.org/sujet.pl?id=415

- MALTZ (Maxwell), *Psycho-Cybernetics: The Original Science of Self-Improvement and Success That Has Changed the Lives of 30 Million People*, New York, Paperback, 1960.

- PRIGENT (Anne), « Changer de mode de vie pour protéger son cerveau », in *Le Figaro*, mars 2015, consulté le 4 octobre 2015.

http://sante.lefigaro.fr/actua-
lite/2015/03/27/23561-changer-mode-vie-pour-
proteger-son-cerveau

- « Renforcer son mental pour se dépasser »,
  in *Allodocteurs*, juin 2014, consulté le 19 septembre 2015.
  http://www.allodocteurs.fr/actualite-sante-ren-
  forcer-son-mental-pour-se-depasser_13738.html

- ROGELET (Agnès), « Comment muscler son
  cerveau », in *Psychologies*, avril 2004, consulté le
  19 septembre 2015.
  http://www.psychologies.com/Bien-etre/
  Prevention/Hygiene-de-vie/Articles-et-Dossiers/
  Comment-muscler-son-cerveau

- SOLEILLE (Céline), « Quatre moyens originaux
  pour booster son cerveau », in *La nutrition*,
  septembre 2014, consulté le 19 septembre 2015.
  http://www.lanutrition.fr/bien-dans-son-age/
  adolescents/comment-manger-pendant-les-
  exams-/4-moyens-originaux-pour-booster-son-
  cerveau.html

- « Une pilule pour stimuler le cerveau des gens en
  bonne santé ? », in *Passeport santé*, janvier 2009,
  consulté le 4 octobre 2015.
  http://www.passeportsante.net/fr/Communaute/
  Blogue/Fiche.aspx?doc=une-pilule-pour-stimuler-
  le-cerveau-des-gens-en-bonne-sante

- WEALTH (Sylvain), « Cinq façons d'augmenter la rapidité et la puissance de votre cerveau », in *Sylvain*

Wealth, mars 2013, consulté le 19 septembre 2015. http://www.sylvainwealth.com/5-facons-daugmenter-la-rapidite-et-la-puissance-de-votre-cerveau.html

- WEALTH (Sylvain), « Je me suis donné 1 an pour reprogrammer mon cerveau », in *Sylvain Wealth*, septembre 2013, consulté le 19 septembre 2015. http://www.sylvainwealth.com/reprogrammer-son-cerveau.html

- « Y a-t-il des moyens efficaces d'augmenter ses performances intellectuelles pour un examen ? », in *Rhumatologie en Pratique*, mai 2013, consulté le 19 septembre 2015. http://www.rhumatopratique.com/wp/rp/2013/05/15/y-a-t-il-des-moyens-efficaces-daugmenter-ses-performances-intellectuelles-pour-un-examen-2/

- YBARRA (Michele L.), DIENER-WEST (Marie), MARKOW (Dana), LEAF (Philippe J.), HAMBURGER (Merle) et BOXER (Paul), « Linkages Between Internet and Other Media Violence With Seriously Violent Behavior by Youth », in *Pediatrics*, vol. 122, novembre 2008.

SOURCES COMPLÉMENTAIRES

- JOUVENT (Roland), *Le cerveau magicien. De la réalité au plaisir psychique*, Paris, Odile Jacob, 2013.